Como quero ir?

Consciência plena

Grupo Anjos de Luz ®

Como quero ir?

Consciência plena

Série: Mensagens de Luz para o seu dia

Volume 4

1ª Edição

Belo Horizonte
Grupo Anjos de Luz ®
2021

C735

    Como quero ir? - Consciência plena / Agni Melo, Alice Sena, Carol Castro, Elizabeth Palomero, Janaína Cunha, Kaká Andrade, Lívia de Aquino, Luiz Eduardo Melo, Maria Alice Capanema, Nayara Godoi, Rita Pereira, Sarah Melo, Valdir Barbosa, Viviane de Aquino (canalizadores). Belo Horizonte: Grupo Anjos de Luz, 2019.

    52p. - (Mensagens de Luz para o seu dia ; v.4)

    ISBN 978-65-80152-18-6

    1. Espiritismo 2. Psicografia 3. Parapsicologia 4. Ocultismo I. Melo, Agni II. Sena, Alice III. Castro, Carol IV. Palomero, Elizabeth V. Cunha, Janaína VI. Andrade, Kaká VII. Aquino, Lívia de VIII. Melo, Luiz Eduardo IX. Capanema, Maria Alice X. Godoi, Nayara XI. Pereira, Rita XII. Melo, Sarah XII. Barbosa, Valdir XIV. Aquino, Viviane de. XV. Título XVI. Série.

CDD 133.9
CDU 133.7

Sumário

Apresentação e agradecimentos

O alcance da consciência plena se faz necessário para reencontrarmos a nossa Pura Essência Divina, para que possamos caminhar alicerçados na luz e no amor de Jesus Cristo, de forma clara e consciente.

O quarto volume da Série **Mensagens de luz para o seu dia** vem mostrar <u>Como quero ir?</u>, ao encontro da consciência plena, de modo que alcancemos a compreensão sobre a prática das lições de Jesus Cristo quanto ao Caminho, à Verdade e à Vida.

O <u>Despertar da Consciência</u> sobre <u>Quem eu sou</u>, iniciado com a leitura do primeiro volume, é campo fértil para que o autoconhecimento espiritual possibilite a você um caminhar mais suave, de maneira que a Verdade Divina se torne parte de você e de toda a matéria ao seu redor, permitindo-lhe ter uma vida plena.

Já o segundo volume trouxe esclarecimentos sobre <u>O que estou fazendo aqui?</u> no planeta Terra, sendo um incentivo na busca constantemente da compreensão sobre si mesmo e sobre a prática das lições de Jesus Cristo quanto ao Caminho, à Verdade e à Vida.

O terceiro volume trouxe orientações para a descoberta sobre <u>Para onde eu quero ir?</u>, de modo a incentivá-lo(a) a buscar constantemente a compreensão sobre si mesmo, sobre a importância da prática das lições de amor deixadas por Jesus Cristo, para que sua caminhada seja de Luz.

As mensagens deste livro estão diretamente relacionadas àquelas contidas no primeiro, no segundo e no terceiro volumes da Série e que, quando compreendidas, possibilitarão a descoberta do caminho de como encontrar sua Pura Essência em perfeita sintonia com a Justiça Divina.

Neste livro, você encontrará mensagens dos Instrutores do planeta Terra, mensagens dos Mestres da Grande Fraternidade Branca e da Equipe Médica Espiritual, informações sobre a Hierarquia Espiritual Divina e da Colônia Médica do Grande Coração de Astheriã, conhecimentos sobre os Sete Raios e seus respectivos Mantras, Decretos, Arcanjos e Equipe Angélica.

Agradecemos à Espiritualidade de Luz, que, generosamente, nos enviou mensagens de puro amor incondicional e nos mostrou como alcançar o despertar da consciência plena.

Muito bom reencontrá-lo(a) nesta caminhada de aprendizado e de amor!

Introdução

Como quero ir?
Consciência plena

Depois de se encontrar e se familiarizar com o seu Eu Sou Divino em nossa primeira obra, de determinar seu caminho a ser percorrido na busca de si mesmo no segundo livro e de ser incentivado a praticar o bem e a exercitar diariamente o autoconhecimento ao longo desta caminhada no livro três, é hora de coroar este ciclo de sabedoria e de descobertas pessoais com o quarto livro, Como eu quero Ir? - Consciência plena.

Nesta obra, você compreenderá que a jornada de autorreflexão em busca da vivência do amor incondicional, mesmo que em diversos momentos se mostre difícil e desafiadora, trará resultados positivos e gratificantes quando traçada com carinho e exercida com graciosidade.

Ao longo do livro, são encontradas mensagens de cada um dos Mestres Ascencionados dos Sete Raios de Luzes, acompanhadas de seus Mantras, além de mensagens dos Médicos da Equipe da Colônia Médica do Grande Coração de Astheriãn, da Grande Fraternidade Branca e dos Instrutores do Mundo, com o intuito de ajudar-lhe a compreender a importância da caminhada rumo à consciência plena.

Estas mensagens, quando lidas e somadas às percepções e aos conhecimentos adquiridos nos três primeiros livros, tornam clara a responsabilidade desta jornada, pois exige de você uma das tarefas mais árduas, que é firmar um compromisso diário de estudo, de oração e de aprendizado consigo mesmo.

Estamos felizes em reencontrá-los(as) em mais essa etapa e esperamos que, ao final desta leitura, você esteja empenhado em prosseguir sua caminhada na luz.

Hierarquia Espiritual Divina

A Hierarquia Espiritual Divina é a energia da mais pura Essência Divina, uma das mais altas escalas vibracionais, a saber:

- **Conselho dos 21 Orixás Planetários -** Ancora a justiça e a solução dos problemas junto às respectivas hierarquias e falanges dos Orixás (seres iluminados da natureza), para todas as realidades da linha de tempo e dimensional que se façam necessárias;
- **Ponto Base -** É composto por Seres de Luz, integrantes do Conselho de Amparadores, responsáveis pelo comando de diversas falanges que atuam no resgate das almas desencarnadas e perdidas em diferentes níveis do umbral;
- **Ponte Verde -** É composto por Seres de Luz, integrantes do Conselho de Amparadores, entidades ligadas ao plano astral elevado, que atuam como Amparadores de Cura;
- **Grupo Ascensional -** É composto por toda a Equipe Médica Espiritual da Colônia Médica do Grande Coração de Astheriãn, que trabalham incansavelmente proporcionando e fortalecendo o entendimento para a cura da alma;
- **144 Chohans dos 144 Raios de Alfa & Ômega -** Cada Chohan representa a responsabilidade de um Diretor para a irradiação e para os trabalhos de Resgate da alma da humanidade e de outros Reinos, dispersando de cada um dos Raios manifestações eletromagnéticas provenientes do Grande Sol Central Alfa & Ômega, representado pelo sistema estelar de Sirion. Esse sistema de Luz Trina representa o foco de dispersão da consciência Crística da Ordem dos Kumaras e Amado Lord Arcanjo Miguel Kumara, o nosso Logos Estelar, de sustentação de Sirion;
- **144 Arcanjos, Elohins, Serafins, Querubins -** Cada raio possui as respectivas Hierarquias de Arcanjos, Elohins, Serafins e Querubins, como dispersores e controladores das energias evolutivas, necessárias para a evolução da alma e de todos os elementos do universo, em conexão com a consciência cósmica do criador e dos sustentadores do Plano Divino;
- **As 72 Orbes Angelicais e Cabalísticas -** Existe uma relação entre cada dia do ano e os 72 Anjos da Cabala. Portanto, cada um de nós está, segundo o conceito da Cabala e da Matemática Sagrada, sob a proteção de um dos 72 Nomes de Deus. O anjo guardião é o Diretor da vida do homem, a quem comunica a Luz Divina e eleva-o ao seu Criador;

- **Mestres do Conselho Kármico** - O Conselho Kármico é formado por oito Mestres Ascensos responsáveis por ministrar a justiça, a ordem e a organização divina no planeta Terra;
- **Mestres do Conselho de Amparadores** - O Conselho de Amparadores é composto por Mestres Ascensos, Equipe Médica Espiritual, espíritos socorristas e protetores de alto grau evolutivo e vibracional que trabalham para o resgate, o acolhimento e o amparo dos espíritos desencarnados, auxiliando-os em seu processo evolutivo;
- **Mestres do Conselho Evolutivo** - O Conselho Evolutivo é formado por Mestres Ascencionados, já em total comunhão com a Consciência Crística Estelar, efetuando uma leitura consciencial do Registro Akásico de cada alma que chega ao Conselho. Eles têm o poder de direcionar os desígnios da evolução, do amor e do perdão e todos os processos necessários para o despertar da alma. São os sustentadores do Conselho Kármico em diversos mundos, sintonizando-se com a Grande Operação de Resgate, em ação na Terra há milênios, em diversos níveis de consciência. Trabalham a lei da Misericórdia, a transmutação kármica e a limpeza de todas as almas a serem tratadas;
- **Anciãos dos Dias** - Representam uma instância superior dentro do próprio Conselho Kármico, com poder de interagir com todas as realidades paralelas do Eu Sou e do Grupo Monádico ao qual cada um pertence, interferindo em situações muito complexas, onde diversas realidades paralelas fazem intercâmbio e provocam alterações na realidade terrena em busca da Cura de todas as almas;
- **Espírito Santo** - É a maior Divindade do Puro Amor da criação, sustentando e protegendo os desígnios do Plano de Deus, sem quaisquer interferências, para o despertar de todos os seres;
- **Comandos Estelares** - São representados pelos comandos de Santa Esmeralda, Santa Ametista, Sirion, Órion, Asthar, Temporal e muitas outras Hierarquias de Luz, trabalhando o Puro e Divino Amor Incondicional para o equilíbrio e a sintonia vibracional em todo o Universo.

São essas energias da mais pura Essência Divina que permeiam o caminho do ser humano em busca da sua compreensão, de seu crescimento e da sua evolução espiritual.

Decretos

O **Decreto** é como uma oração, um desejo, um instrumento e uma forma de meditação que nos inspira a trabalhar, a desenvolver e a fortalecer as virtudes que necessitamos para nosso crescimento e nosso aprimoramento espiritual.

Como fazer:

Procure um lugar tranquilo e sente-se confortavelmente em uma cadeira, com a coluna ereta ou, se preferir, em posição de lótus. Caso não seja possível, deite-se e relaxe.

Respire suavemente: inspire pelo nariz e conte até três, expire pela boca contando até três. Repita a sequência quantas vezes julgar necessário até sentir-se relaxado(a). Faça o exercício com tranquilidade para que sua mente se esvazie de todos os pensamentos. Mas, se surgirem pensamentos, não se preocupe, mande-os embora.

Pense e mentalize a cor do Raio referente ao Decreto escolhido e aos padrões (atitudes) que necessita trabalhar, ser amparado(a) ou desenvolver.

Repita o Decreto três vezes e, em seguida, agradeça.

Se preferir, faça diariamente, meditando o Decreto referente ao Raio do dia e, se possível, faça também a leitura de uma mensagem referente ao Mestre.

Desta forma, você poderá conectar-se com mais profundidade na essência de cada Raio e absorver com mais clareza os ensinamentos dos Mestres Ascencionados e Arcanjos.

Orai e vigiai sempre.

Luz, paz e bem

Decreto do 1º Raio da Luz Azul

Arcanjo Miguel fala da entrega da vontade humana à Vontade Divina.

Dia da semana: Domingo

Virtudes: Força, Poder Pessoal, Vontade Divina, Proteção, Liderança, Fé.

Decreto: Arcanjo Miguel, que prevaleça em mim a Vontade Divina.

Decreto do 2º Raio da Luz Dourada

Arcanjo Jofiel proporciona o contato com a Sabedoria Divina.

Dia da semana: Segunda-feira

Virtudes: Iluminação, Ciência, Conhecimento, Sabedoria, Tecnologia, Inspiração.

Decreto: Arcanjo Jofiel, me impulsione à sabedoria de acreditar em mim mesmo, no meu poder e na minha luz.

Decreto do 3º Raio da Luz Rosa

Arcanjo Samuel auxilia o despertar do amor.

Dia da semana: Terça-feira

Virtudes: Perdão, Amor Incondicional, Tolerância, Beleza, Bondade, Gratidão.

Decreto: Arcanjo Samuel, que eu possa desenvolver a plena e total capacidade de amar.

Decreto do 4º Raio da Luz Branco-cristal

Arcanjo Gabriel conduz a chama da ascensão e à queima do Karma.

Dia da Semana: Quarta-feira

Virtudes: Purificação, Limpeza de Karmas, Ascensão, Equilíbrio, Pureza, Paz, Silêncio, Ressurreição.

Decreto: Arcanjo Gabriel, desperte em mim a purificação de meu ser a caminho da ascensão.

Decreto do 5º Raio da Luz Verde

Arcanjo Rafael propicia a limpeza e o despojamento para receber a verdade.

Dia da Semana: Quinta-feira

Virtudes: Cura, Justiça Divina, Verdade Divina, Concentração, Consagração, Dedicação, Prosperidade.

Decreto: Arcanjo Rafael, me liberte do julgamento, do orgulho e do egoísmo e que a verdade prevaleça em mim.

Decreto do 6º Raio da Luz Rubi-dourada

Arcanjo Uriel desperta a compaixão e a misericórdia.

Dia da Semana: Sexta-feira

Virtudes: Devoção, Misericórdia, Amor, Cura.

Decreto: Arcanjo Uriel, dai-me fé e constância nas orações.

Decreto do 7º Raio da Luz Violeta
Arcanjo Ezequiel não só traz a transformação, mas a organização da vida para poder ser livre.
Dia da Semana: Sábado
Virtudes: Apelos, Compaixão, Transmutação, Transformação, Liberdade.
Decreto: Arcanjo Ezequiel, auxilia-me na transmutação de meus Karmas, para que eu possa alcançar a libertação e a capacidade de voar rumo ao Divino.

Mantra

Caro(a) amigo(a),

Apresentamos-lhes neste livro alguns Mantras, por meio dos quais você poderá equilibrar-se, conectando-se com o poder curativo das palavras que vibram em perfeita sintonia com a Pura Essência Divina de Deus.

A palavra Mantra vem do Sânscrito, onde Man significa mente e Tra significa controle, isto é, controle da mente. Existe há milhares de anos, possui uma energia única, especial. É um dos 72 nomes de Deus na Cabala, é a abordagem espiritual mais profunda para a ativação do corpo de luz. Traz inúmeros benefícios e curas, fortalecendo a espiritualidade, a criatividade, a manutenção da integridade de caráter, os pensamentos e as ações por meio do trabalho, repelindo o orgulho, a vaidade, o ego e a arrogância; evidenciando a humildade e o comprometimento, visando à expansão da consciência na plena vivência do amor incondicional.

Os Mantras contidos neste livro devem ser entoados por 21 vezes, de forma tranquila e concentrada, com o objetivo de relaxar e de induzir a um estado de meditação, propiciando a conexão com o Divino.

Raios, Mestres Ascencionados, Arcanjos e Equipe Angélica

A Grande Fraternidade Branca é uma das Hierarquias Cósmicas do Plano Divino.

As Hierarquias habitam o Cosmos e compõem uma rede transmissora de impulsos evolutivos para os vários mundos denominada Irmandade, composta de vários seres dos diversos reinos, como o espiritual, o dévico, o angélico, entre outros.

A Grande Fraternidade Branca é uma Hierarquia Cósmica que protege e guia a humanidade terrestre, encarregada de resguardá-la da autodestruição. É composta de Seres Ascencionados, que já viveram no Planeta e, ao evoluírem, optaram por ajudar a Terra, organizados e distribuídos em sete Raios Cósmicos, advindos do Reino Celestial Maior.

Os Mestres Ascencionados são formas de energia ou entidades não físicas dos níveis superiores de consciência que apoiam os seres humanos no desenvolvimento da consciência. Eles estão familiarizados com a vida na Terra, com os problemas e as dificuldades humanas e com o caminho que ruma à unidade.

Ao serem invocados para uma finalidade específica por nosso sagrado coração (Chama Trina) dentro de cada um, os Raios Cósmicos tomam a forma de uma Chama, que flamejará sobre nossos corpos, em algumas situações e alguns lugares ou em todo o Planeta, de acordo com o nosso anseio consciente, permitindo que a Equipe Espiritual de Luz auxilie para que os seres cumpram sua missão evolutiva e se afastem das limitações que dificultam a conexão com o Divino, embora sempre respeitando o livre-arbítrio.

No comando hierárquico da Grande Fraternidade Branca estão os Mestres Ascencionados/Chohans (Diretores ou Senhores), os demais Mestres Ascensos, bem como seus Complementos Divinos (sua outra metade) e Equipes Angélicas, formadas por Serafins (anjos mais antigos e próximos do Trono de Deus), Arcanjos (anjos hierarquicamente superiores aos demais anjos), Querubins (anjos guardiões da luz e mensageiros), bem como os Elohins (divindades elementais construtores dos mundos), que atuam em conjunto com suas respectivas falanges de Espíritos de Luz e de Espíritos Trabalhadores, Obreiros e Tarefeiros.

1º Raio

A cor é azul – vibrante no domingo.

Virtudes: fé, proteção, vontade divina, poder pessoal, força, liderança.

O Mestre El Morya, em sua passagem pela Terra, foi Abraão, Rei Mago Melquior, Rei Arthur, da Grã-Bretanha, sendo o guardião da Espada de Excalibur e do Cálice do Santo Graal. Teve outras passagens na Inglaterra e na Mongólia. Foi Mahatma Morya, na Índia, que influenciou a criação da Sociedade Teosófica (1875). Por fim, foi El Morya Khan, filho do rei de Bangladesh, que renunciou ao trono para ser religioso. Ascencionou no final do século XIX e auxiliou a fundação do Grupo Ponte para a Liberdade, entre outros.

Equipe Angélica: Arcanjo Miguel, seu Complemento Divino é Santa Fé.

O Elohim Hércules e seu complemento Amazon criaram a Terra com a substância Primordial, trabalham a fé e a força.

Mantra: Vibro na cor azul, buscando proteção, fé e coragem

2º Raio

A cor é dourada – vibrante na segunda-feira.

Virtudes: sabedoria divina, iluminação, ciência, conhecimento, sabedoria, tecnologia, inspiração.

Mestre Ascencionado Chohan/Diretor: Confúcio.

O Mestre Confúcio, em sua passagem pela Terra, foi o maior pensador da China, para formação ético-humanística em filosofia social e viveu por volta de 550 a.C., no País de Lu (atual Província Shandong), foi Magistrado, Secretário da Justiça e Ministro Chefe, cujos pensamentos se harmonizaram com Lao-Tsé, místico e fundador do Taoísmo.

O Mestre Kuthumi foi o Diretor do 2° Raio, substituído por Mestre Lanto, antecessor do Mestre Confúcio.

Equipe Angélica: Arcanjo Jofiel, seu Complemento Divino é Constantina.

O Elohim Cassiopéia e seu complemento Minerva auxiliam os seres em seus aprendizados e estimulam a força concentrada na atenção.

Mantra: Vibro na cor dourada, buscando inspiração, sabedoria divina e iluminação.

3º Raio

A cor é rosa – vibrante na terça-feira.

Virtudes: perdão, amor incondicional, tolerância, beleza, bondade, gratidão.

Mestra Ascencionada Chohan/Diretora: Rowena.

A Mestra Rowena, em sua passagem pela Terra, foi Santa Terezinha, Joana D'Arc, Madre Teresa de Calcutá, entre outras, indicando que a alma pode se vestir de diversas facetas para desenvolver o propósito ao qual se destina.

Equipe Angélica: Arcanjo Samuel, seu Complemento Divino é Cáritas.

O Elohim Órion e seu complemento Angélica mantêm a paz por meio do Amor Divino, da plenitude da Chama Rosa, que dissolve toda energia nefasta.

Mantra: Vibro na cor rosa, buscando o amor incondicional.

4º Raio

A cor é branco-cristal – vibrante na quarta-feira.

Virtudes: purificação, limpeza de karmas, ascensão, equilíbrio, pureza, paz, silêncio, ressurreição.

Mestre Ascencionado Chohan/Diretor: Seraphis Bey.

O Mestre Seraphis Bey, em sua passagem pela Terra, foi os Faraós Osíris, Akhenaton IV e Amenophis III, que foi o construtor dos Templos de Luxor e de Karnak; o Rei Espartano Leônidas; Fídias, o construtor do Parthenon, na Grécia.

Equipe Angélica: Arcanjo Gabriel, seu Complemento Divino é Esperança.

O Elohim Astrea, Mãe Estelar e seu complemento Divino Pureza atuam com harmonia e pureza, libertam pessoas dos obsessores, da maldade, da ignorância e das desarmonias.

Mantra: Vibro na cor branco-cristal, buscando o equilíbrio espiritual.

5º Raio

A cor é verde – vibrante na quinta-feira.

Virtudes: cura, justiça divina, verdade divina, concentração, consagração, dedicação, prosperidade.

Mestre Ascencionado Chohan/Diretor: Hilarion.

O Mestre Hilarion, em sua passagem pela Terra, foi Paulo de Tarso, o apóstolo que se tornou São Paulo e Santo Hilarion.

Equipe Angélica: Arcanjo Rafael, seu Complemento Divino é Mãe Maria.

O Elohim Vista ou Ciclope e seu complemento Divino Cristal atuam no processo evolutivo da humanidade.

Mantra: Vibro na cor verde, buscando a cura do meu corpo espiritual, físico e mental.

A Mestra Nada, em sua passagem pela Terra, foi Maria Madalena, Irena Stanislawa, Irmã Dulce e outras.

Mestre Jesus deixou de ser Chohan deste Raio, quando juntamente com o Mestre Kuthumi elevaram-se à condição de Instrutores do Mundo. Jesus ainda é o maior exemplo das virtudes deste Raio no Mundo, com destaque para a Misericórdia Divina e a Cura, como forma evolutiva da pessoa humana encarnada.

Equipe Angélica: Arcanjo Uriel, seu Complemento Divino é Graça.

O Elohim Tranquilitas e seu complemento Divino Pacífica são os Elohins que auxiliam nos verdadeiros exercícios de abnegação e de paz.

Mantra: Vibro na cor rubi-dourada, buscando a compaixão.

O Mestre Saint Germain, em sua passagem pela Terra, foi São José, pai de Jesus; o Mago Merlin, que prestava conselhos importantes ao Rei Arthur, da Grã-Bretanha; o Profeta Samuel, Cristóvão Colombo e o filósofo Roger Bacon.

Equipe Angélica: Arcanjo Ezequiel, seu Complemento Divino é Ametista.

O Elohim Arcturos e seu complemento Divino Diana respondem pelos apelos verdadeiros vindos do coração para a libertação das limitações e das doença.

Mantra: Vibro na cor violeta, buscando a transformação do meu ser.

Mensagem inicial

Luz Dourada

Mestre da Colônia Vale Dourado

Mestre Jheriel: Escolhas e renúncias

"Irmão adorável!

Viver exige escolhas, e escolhas exigem renúncias.

Você descobriu quem você é. Compreendeu o que está fazendo aqui, percebeu que a responsabilidade é grande e, por isso, escolheu caminhar na Luz. Fez a escolha sábia.

Agora é hora de escolher a melhor forma de caminhar. A decisão é sua. Pode escolher o caminho da compreensão, da tolerância, da simplicidade e da compaixão. Escolher o caminho com sabedoria exige renúncias. Deixar para trás tudo que lhe pesa a alma, abandonar velhos hábitos e ser um novo Ser de esperança e de determinação requerem atitude de coragem.

Seja corajoso e consciente da sua escolha e quando encontrar obstáculos e sentir medo inspire a cor amarelo-dourado da Chama Trina que existe dentro de você, no seu chacra cardíaco. Inspire, expire, respire a cor amarelo-dourado da Sabedoria Divina e peça que desperte em você a sabedoria que lhe guiará e fortalecerá sua alma para ser plena, serena e consciente de que, se viver com amor e por amor, estará cumprindo a missão de vida que Deus lhe confiou.

Com amor, alegria e gratidão!

Eu sou Mestre Jheriel, da Colônia do Vale Dourado.

Mantra: Eu caminho com sabedoria e fidelidade para cumprir a missão que Deus me confiou."

(Mensagem canalizada em 11/08/2019)

Mensagem do Dirigente de Astheriãn, da Equipe Médica do Grande Coração e do Grupo Anjos de Luz

Luz Verde, Luz Azul, Luz Dourada e Luz Branco-cristal:
Dr. Helmuth – Integrante dos Conselhos de Amparadores, Evolutivo e Kármico

Dr. Helmuth: Despertar, buscar, caminhar e transmutar

"Louvado seja o nome de Cristo!

Salve a Equipe da Colônia Médica do Grande Coração de Astheriãn!

Como falei no Livro 1 – Quem Eu Sou? - O despertar da consciência, no Livro 2 - O que estou fazendo aqui? - Em busca de si mesmo, e no Livro 3 – Para onde quero ir? - Caminhando na Luz, é de suma importância compreender o seu propósito de vida aqui no planeta Terra. O propósito de cada um se inicia quando se coloca disponível para a ação divina, aí se descortinará diante de si a grandiosidade do amor do Pai Amantíssimo, que é pura misericórdia e compaixão. O despertar da consciência o levará a entender o seu propósito na Terra e será de grande auxílio em relação ao que é necessário fazer. A busca incessante do autoconhecimento trará luminosidade para o seu caminhar.

Agora no Livro 4 – Como quero ir? - Consciência plena será concluída a jornada da alma. Essa jornada fará com que desperte dentro de si uma vontade contumaz de fazer uma autorreflexão. O que aprendi sobre o despertar? O que despertou dentro de mim? O que encontrei quando saí em busca da minha essência? O que percebi quando iniciei a caminhada espiritual? Enfim, como quero ir? O que é realmente necessário compreender, entender, vivenciar, aceitar para que a minha jornada seja um verdadeiro encontro de Luz com a Pura Essência Divina? O que é necessário levar na bagagem?

Basta levar dentro de si o Amor Incondicional. Que ele seja o seu companheiro diário. Que seja seu norte, seu guia, sua bússola. Que clame por Deus para direcionar a sua vida. Que pense em Jesus e em seus exemplos de amor, de perdão, de compaixão, de misericórdia, de tolerância, de partilha e de generosidade. Que sinta a suavidade e o poder do amor de Maria. Que, mesmo tendo medo, saiba que somente o amor do Pai será suficiente para nutrir a sua alma sedenta de luz, alma que, às vezes, titubeia entre períodos de vida enevoados e cinzentos e períodos em que a fé é colocada à prova. São nesses períodos difíceis que o amor do Pai supera todas as expectativas. Nesses momentos, Deus carrega cada filho seu e sopra em seus ouvidos: - avance, tranquilize seu coração, sinta-me, estou contigo. Exatamente assim a ação divina se realiza por meio da consolidação da fé e da persistência em busca do merecimento. A fé necessita ser cuidada, regada como uma planta, todos os dias. O merecimento (mérito) é companheiro inseparável da fé, os dois juntos formam um dueto inabalável capaz de sustentar sua alma em todos os momentos que sentir fragilidade e vulnerabilidade existencial.

O planeta Terra passou e ainda passa por uma grande transição energética e vibracional. A grande maioria dos humanos passou para a 5ª dimensão, alguns humanos já estão na 6ª dimensão e, com isso, grandes transformações são esperadas e já sentidas. Outras acontecerão de forma gradual, para que todos os seres humanos se adaptem à velha nova ordem universal, que é o amor incondicional. As mudanças energética e vibracional da Terra foram necessárias para que a humanidade tenha a oportunidade de vencer as escabrosidades que acontecem todos os dias e os males entranhados na essência humana, como o suicídio, a depressão, o stress, as obsessões pessoal ou coletiva, a impaciência, as intolerâncias religiosa ou ideológica, as variadas enfermidades que em séculos nunca haviam surgido, os diferentes tipos câncer, a fome que assola países inteiros, os apátridas e os refugiados que perfazem um total de 70,8 milhões de pessoas forçadas a deixar seus países de origem por motivos de guerra, de perseguição, de violência e de violação aos direitos humanos, entre vários outros.

A jornada da alma é guiada pelo Amor Incondicional que brilha como a Luz Divina dentro de cada um, revelando a panaceia universal capaz de curar todas as enfermidades que afligem o ser humano. Caminhar e despertar-se para a luz exige que a reforma íntima seja feita. Limpe seu coração e sua mente. Enxergue com clareza o que vai em sua alma. Tire as máscaras que usa todos os dias. Esvazie-se da inutilidade de todos os pensamentos, os sentimentos e as atitudes contrárias à lei divina do amor maior, do perdão, da tolerância, da misericórdia, da compaixão, da generosidade. Após o exame minucioso e a aceitação de tudo aquilo que é tóxico, nocivo e contrário ao seu crescimento e à evolução espiritual, peça a Deus força suficiente para limpar sua alma e seu espírito com a Luz Divina e libertar-se do lixo que acumula dentro de si. Essa reforma demanda coragem, disciplina diária, comprometimento e o desejo sincero de mudança para ser uma pessoa melhor do que é hoje.

Transformar é doloroso, transmutar é divino. Assim, pouco a pouco, por meio de pequenos gestos e atitudes, da persistência em caminhar e despertar-se para a luz, a transformação acontecerá de forma branda, porém firme. Caminhemos juntos, então, pois o caminho da Luz é longo e árduo, todavia não é impossível, pelo contrário, o caminho da Luz está bem à sua frente, esperando que você dê o primeiro passo em direção à libertação de todos os vícios, de todos os males que acometem a sua alma e comprometem o seu espírito, impedindo o seu crescimento evolutivo.

Venha comigo nessa grande jornada da alma, jornada essa que mostrará como empenhar-se para subir os degraus da escala evolutiva. A resposta é única: por meio do exercício diário do amor incondicional para consigo mesmo e para com o seu próximo, você alcançará a vitória tão almejada. Limpe-se, perdoe-se, creia e caminhe sem titubear. As bênçãos do Mestre Jesus estão bem diante de si esperando o seu despertar com a consciência plena do seu real propósito de vida.

O caminho da Luz revela o amor incondicional e lembra que toda mudança começa a partir de si mesmo, em seus pensamentos, seus sentimentos e suas atitudes; que a caridade começa em sua casa - viva realmente o pleno amor e tenha mais compaixão com os seus familiares, honre os seus ancestrais, ame e zele por seus pais, ame, eduque e dê limite aos seus filhos; que caminhar na Luz e despertar-se para a Luz nada mais é do que amar a si próprio, se enxergar sem máscaras, valorizar as virtudes que possui, trabalhar arduamente para mudança de suas posturas equivocadas perante a vida, a família e o próximo, é perdoar continuamente a si e aos outros.

Caminhando e despertando-se para a Luz, você será capaz de enxergar em seu próximo o reflexo de Deus e o reflexo de si mesmo, porque o Amor Incondicional mostra toda a sua beleza, sua magnitude e sua riqueza. É Luz que não se acaba, é Luz que cada vez mais ilumina, é Luz que transborda em todos os seres do planeta Terra, direcionando o curso das jornadas das encarnações em busca da evolução, do entendimento e da compreensão do despertar da consciência coletiva, da busca de si mesmo, do caminho da Luz e para a Luz.

A Hierarquia Espiritual Divina apresentada neste livro é uma das mais altas escalas vibracionais da pura Essência Divina que auxiliam o ser humano em seu caminho evolutivo.

Os Sete Raios Cósmicos de Luzes aqui descritos são a manifestação Maior do Amor Divino e estão concentrados na execução do Plano de Deus para o planeta Terra e para o universo. Do primeiro ao sétimo Raio você encontrará a pura manifestação da Vontade Divina para compreender o seu propósito no Planeta, silenciará sua mente para escutar a Voz Divina, libertará a sua alma das energias negativas. Tudo isso é possível somente por meio do Amor Incondicional, levando-o a ter a consciência plena de que na Terra são todos irmãos e filhos do mesmo Pai, Deus, despertando, assim, o sentimento de Fraternidade.

Você alcançará o sentimento de Unidade e trabalhará em prol da Integração e da Purificação da humanidade em perfeita Harmonia, apreciará cada vez mais o Reino Vegetal como fonte para encontrar a Pura Essência Divina da Cura, compreenderá o verdadeiro significado da Abnegação, do Desapego, da Devoção, da Misericórdia para o Auxílio livre de interesses para todos aqueles que de você precisar. Também sentirá quão importante é se libertar de culpas para sua Purificação e sua Transmutação, abrindo-se para receber a Misericórdia Divina, entenderá que Mantra é um instrumento do pensamento, é oração, que, de forma repetida, proporciona tranquilidade, equilíbrio e paz interior, cura a alma, o espírito, a mente, o corpo e traz o entendimento de fé e de merecimento, desperta o que existe de mais belo e nobre e auxilia a consolidar a fé já existente em cada ser. E conhecerá mais sobre a morada (casa) espiritual dos Médicos Espirituais da Colônia Médica do Grande Coração de Astheriãn, pois como disse Jesus: - Na casa de meu Pai há muitas moradas. (João, 14:2).

Gratidão especial à Equipe Médica Espiritual em pleno e total exercício do amor maior que vem de Deus; é uma Equipe que tenho oportunidade de dirigir, orientar, coordenar e aprender, e como tenho aprendido com esses espíritos dedicados e irmanados na luz, no bem, na consciência coletiva do amor incondicional, amor maior que guia, direciona, faz com que todos os obstáculos sejam superados um a um. O meu reconhecimento imensurável à Equipe de Trabalhadores, Obreiros e Tarefeiros especializados em Suporte e que nos auxiliam. São esses espíritos iluminados e comprometidos com a Cura que proporcionam tranquilidade, segurança, equilíbrio, harmonia vibracional em todos os continentes deste planeta em que estivermos atuando.

Gratidão à Equipe de Médiuns do Grupo Anjos de Luz, que se disponibiliza para os tratamentos espirituais (cirurgia espiritual presencial), sendo que, nesses dias, incontáveis vezes envolvem seus corações na luz transformadora e transmutadora da Chama Trina, colocando-se a serviço do amor, da luz e do bem.

Gratidão à Equipe de Tarefeiros (Anjos Amigos), que sempre se dispõe a contribuir com trabalho, disponibilidade, conhecimento, entusiasmo e alegria.

Gratidão aos Mestres Ascencionados, aos Médicos Espirituais, à toda Equipe do Grupo Anjos de Luz e aos Profissionais envolvidos no trabalho de construção dos quatro livros da Série Mensagens de Luz para seu Dia, pelo comprometimento, pela dedicação e pelo amor incondicional demonstrados e revelados durante o tempo que trabalhamos juntos nessa Obra de Amor e Luz, que tem um único objetivo: o despertar da consciência plena.

Enfim, cada um doa o que tem de melhor dentro do seu coração: Amor. Amor não se compra, não se vende, não se precifica. Amor simplesmente é demonstrado em pensamentos, em sentimentos e em atitudes.

Agradeço-te, ó Deus, Pai de Misericórdia e Amor Infinito, Jesus Cristo, Pai do Puro Amor, Virgem Maria, Mãe do Amor Ilimitado, Cristo, Patrono do planeta Terra, Pai da Pura Essência Divina, por todas as bênçãos colhidas em todos os dias de trabalho, e que possamos continuar a trilhar o caminho da luz e do aprendizado, da humildade, da disciplina, do perdão, da compreensão, da aceitação, da paciência, da tolerância, da compaixão e da misericórdia, do exercício diário da caridade, vencendo as dificuldades e as tribulações, caminhando sempre em direção à Luz.

Nessa atual era de Aquário, o planeta Terra se beneficiará da expansão da consciência coletiva, que direcionará e fortalecerá a vida de toda a humanidade. E volto a insistir: aprenda a perdoar, a compreender e a aceitar a si e ao outro como ele é, a ser misericordioso, a ser justo, a ser compassivo, a trabalhar sem reclamar, a fazer o bem sem olhar a quem, a estudar continuamente sem preguiça, a ser pontual, assíduo, comprometido, responsável e, principalmente, não se olvide de que todo bem, toda paz, toda luz, todo amor e toda abundância que pede incessantemente aos céus estão bem diante de si.

Siga adiante sem se desviar do seu compromisso de vida, para encontrar o seu maior tesouro, a luz de sua alma, a sua Pura Essência Divina, que somente o caminhar na Luz e para a Luz proporciona Vidas novas, novos Tempos, Amor Incondicional, Unidade e Trabalho em Equipe sempre definem tudo.

Desperte para buscar, busque para encontrar, caminhe para transmutar, conscientize-se para realizar-se plenamente. Ilumine-se, encontre-se, alegre-se, realize-se. A Luz estará sempre contigo!

Louvado seja Cristo!

Salve a Equipe da Colônia Médica do Grande Coração de Astheriãn.

Eu Sou Dr. Helmuth - Médico, Pesquisador, Botânico, Dirigente de Astheriãn, da Equipe Médica do Grande Coração e do Grupo Anjos de Luz.

Mantra: Que eu desperte a consciência plena para a realização do meu propósito: ser Luz."

(Mensagens canalizadas em 25/03/2018, 17/11/2018, 05/06/2019 e 12/08/2019)

Mensagens iniciais dos Instrutores do Mundo

Instrutores do Mundo

Jesus e Mestre Kuthumi atuam como Instrutores do Mundo. Dirigem as questões sobre a Espiritualidade no que tange à educação, à religião, à ética e à moral. Expressam o Amor Maior levando a humanidade a despertar a Essência Crística de cada ser divino para a compreensão de sua caminhada no Planeta.

Mestre Jesus: Toque de amor

"Meus amados filhos,

Sintam o toque do meu amor por cada um de vocês.

Sintam a Paz, a Luz Divina do nosso glorioso Deus Pai de todo o Universo.

Todos os seres são luzes, todos os seres são vida, todos os seres podem amar!

Sintam o meu amor mentalizando uma cor rosa ao redor do seu ser. Sintam o calor, como o embalo de uma mãe em contato com o seu filho. É assim que eu os sinto.

Eu os amo, os escuto.

Sintam o meu amor hoje, amanhã, e em todos os dias de vossas vidas.

Vivi na Terra para que conhecessem o verdadeiro amor, o amor incondicional que devem ter entre vocês. Todos são irmãos. Cuidem-se. Cuidem da mãe Terra. Todos podem coexistir se tiverem mais consciência dos seus atos, se tiverem respeito pela Terra, meio em que vivem, pelos animais e pelos elementos da natureza.

Amem. Cada vez mais amem-se como eu os amo. Não tenham medo de amar, de falar, de expressar.

Eu morri para que pudessem compreender e sentir o perdão, a misericórdia e o amor. O momento de sentir é agora.

Vivam, perdoem, compartilhem, doem-se ao amor incondicional.

Eu os amo incondicionalmente!

Eu Sou Mestre Jesus.

Mantra: Eu sou amor incondicional, eu sou Luz no caminho dos meus irmãos."

(Mensagem canalizada em 30/07/2019)

Mestre Jesus: Caminho ao Pai

"Meus filhos,

Todos os caminhos devem nos levar de encontro ao Pai.

Caminhei pelo deserto, tive diversas provas para superar os meus medos, as minhas dúvidas e as minhas fraquezas.

A superação vem com o tempo e o tempo se ajusta ao que precisamos viver no momento, no ritmo escrito para cada um de nós.

Como quero caminhar até o encontro com Deus? Conhecendo-me.

Viva com alegria e intensidade cada dia da sua vida, como se não houvesse o amanhã.

A felicidade que tanto buscam deve ser cultivada e renovada todos os dias. Conheça pessoas e faça novos amigos, conheça lugares que nunca esteve, pratique o bem, se desafie a fazer coisas que se achava incapaz. Ame-se e ame ao seu próximo. Verás a felicidade.

Caminhe, siga em frente, agradeça por cada encontro, cada queda e cada reerguida, cada sorriso recebido e cada lágrima derramada.

Caminhe com fé, coragem, alegria e esperança. Tenha consciência de tudo pelo que passou e que a jornada sempre vale a pena.

Para recomeçar não tem idade nem tempo certo. O recomeço é único, assim como vocês, meus filhos, são únicos, a mais pura Essência Crística.

Caminhem com suavidade em direção ao Altíssimo Deus Pai Todo Poderoso.

Eu os amo e amarei sempre.

Eu Sou Mestre Jesus.

Mantra: Caminho com fé, coragem e alegria.”

(Mensagem canalizada em 08/08/2019)

Mestre Kuthumi: Evolução

“Irmãos queridos,

Que a Luz Divina os ilumine neste instante.

Ignorem fatos consumados, tranquilizem os corações, permeiem o caminho do bem.

É chegada a hora da renovação espiritual, onde se efetuarão mudanças necessárias para se promover o êxodo dimensional.

Não carreguem mágoas, medos, tristezas, indignações.

O caminho é um só – Amor.

Amor que requer perdão, respeito, interação com a frequência cósmica superior.

Não se pode evoluir preso ao processo tridimensional.

Elevem-se, assumam novos propósitos, delineiem novos caminhos.

Para tudo há um novo porvir.

Soltem-se e deixem-se serem guiados e orientados por nós, que estamos à frente do comando intergaláctico, cumprindo o compromisso de elevá-los, edificando uma nova morada terrena, onde o amor será a luz inspiradora de todas as situações.

Sejam libertos.

Confiem.

Expandam sua luz.

Vibrem a força do poder divino em seus corações.

Eu sou vosso Mestre Kuthumi.

Mantra: Eu sou a força que vibra o amor divino."

(Mensagem canalizada em 13/07/2019)

Mensagens dos Mestres Ascencionados dos Raios de Luzes

1º Raio da Luz Azul

Mestre Ascencionado Chohan/Diretor: El Morya
Arcanjo Miguel
Dia da semana: Domingo
Virtudes: Força, Poder Pessoal, Vontade Divina, Proteção, Liderança, Fé

Mestre El Morya: Força Suprema

"Queridos irmãos,

Não vos negueis o direito à felicidade suprema.

Buscai na fonte o poder divino da reforma íntima, valorizando todo o potencial que trazeis em vossos corações.

Meus amados,

Selem o coração com a força do bem, o poder que ultrapassa o ser humano e lhes garante a devida vitória sobre todas as forças negativas, forças estas que desestabilizam e retrocedem o caminho.

Unam-se às potencialidades cósmicas do perdão e removam as ranhuras que degeneram o coração.

Não carreguem tralhas.

Removam os sentimentos ignóbeis e lancem a força da fé, da coragem suprema de um filho de Deus que sabe governar seu coração, sua vida, com o pleno poder contido no ser.

Envolvo-os na luz azul do poder e da autonomia, da coragem e da força suprema que lhes garante a certeza da vitória final.

Eu sou vosso Mestre El Morya.

Mantra: Eu sou a força que governa a minha vida. Eu sou o poder que desfaz todos os obstáculos."

(Mensagem canalizada em 12/07/2019)

Mestre El Morya: Amor

"Irmãos,

Venho falar de amor, essa palavra tão pequena, com significado enorme.

Nascemos do amor, somos o amor, vivemos no amor e temos que propagá-lo entre os povos. Não lastime, ame.

Ame a si mesmo e a seu semelhante. Precisamos manter acesa a chama do amor do qual nascemos.

Espalhai o amor como o Pai nos irradia.

Somos o amor, façamos dele a palavra do nosso viver.

Seja amor.

Eu Sou Mestre El Morya.

Mantra: Amo e percebo como o amor é belo."

(Mensagem canalizada em 07/08/2019)

Mestre El Morya: Somos todos Uno

"Meus queridos irmãos,

Somos todos Uno.

Somos fruto do mesmo Deus. Somos homens, mulheres e crianças da pura luz do Altíssimo. Somos todos iguais, viemos de uma mesma essência divina. Porque nos tratamos com tanta indiferença, desrespeito e egoísmo? Por que pensar em nós mesmos e muitas vezes tentar tirar vantagem da fragilidade do nosso irmão?

Sejam mais sensatos, meus irmãos!

Estamos trabalhando para que todos na Terra vibrem na mesma sintonia. Por isso, é importante que provoquem mudanças no seu íntimo. Esforcem-se. Tenham coragem de mudar pensamentos, atitudes e posturas perante o próximo e a vida.

Eu estarei sempre próximo, orando por vocês quando me pedirem ajuda.

Eu Sou Mestre El Morya.

27

Mantra: Na unidade vibro a Pura Essência Divina."

(Mensagem canalizada em 19/06/2019)

Mestre El Morya: Momentos difíceis

"Meu querido irmão,

Oremos todos os dias por um mundo melhor. Um mundo com mais oportunidades, igualdade e solidariedade.

Busque o caminho do trabalho honesto, digno, que esteja ao alcance de todos, pois o trabalho gera a matéria necessária para que se viva no plano físico, plano este que é passageiro, mas crucial para a evolução do espírito. Saiba escutar a sua essência para identificar o trabalho condizente com as suas habilidades e seus desejos de aprendizado, que feito com alegria e vontade, dignifica o seu ser.

O planeta vive momentos difíceis e as oportunidades precisam ser criadas para que todos se sustentem.

Por isso, meu irmão, peço que ore, mentalize diariamente a situação que almeja. Aprenda a meditar para trazer o equilíbrio que o levará por melhores caminhos.

Vibro por você e o amo!

Eu Sou Mestre El Morya da luz azul.

Mantra: Venço as dificuldades diárias com o Puro Amor Divino."

(Mensagem canalizada em 07/06/2019)

2º Raio da Luz Dourada

Mestre Ascencionado Chohan/Diretor: Confúcio

Arcanjo Jofiel

Dia da semana: Segunda-feira

Virtudes: Sabedoria, Iluminação, Ciência, Tecnologia, Conhecimento, Inspiração

Mestre Lanto: Iluminação

"Meus queridos irmãos na Luz,

Aprendam com os girassóis, que buscam a direção da luz e se iluminam.

Sim, meus queridos irmãos, voltem-se para a luz e deixem que os raios misericordiosos de Deus os conduzam na direção correta de seus caminhos.

Não teimem em seguir o contraditório.

Não insistam no que lhes traz penúria e sofrimento.

Façam-se leves ao sabor do vento que os levará a novos e grandiosos caminhos que os esperam, para frutificação de novas ideias e novo porvir.

Eu os ilumino com a luz dourada do Grande Sol Central, trazendo-lhes o aperfeiçoamento da sabedoria divina.

Estudem. Estudar é buscar ouvir o que já é e que está pronto para assimilarem por meio da inspiração nos momentos meditativos em que se conectam com o Ser Superior.

Desbravem novos caminhos.

Eu os abençoo.

Eu sou Mestre Lanto.

Mantra: Brilhe o Sol e a sabedoria de Deus em meu coração."

(Mensagem canalizada em 13/07/2019)

Mestre Confúcio: Conhecimento ao seu alcance

"Luz Dourada para todos os irmãos!

Despertem-se para a Sabedoria Divina. Cultivem o hábito de se aperfeiçoarem cada vez mais. O estudo incentiva os atos verdadeiros de amor e de construção de uma sociedade plena e evoluída. O que seriam dos alunos sem os mestres?

Todos podem ser mestres. O conhecimento está aí, para que todos vocês, meus irmãos, possam fazer usufruto dele. Com sabedoria, nos realizamos, e estando em comunidade, mais ainda, pois podemos vivenciar e ver os frutos das sementes plantadas.

Eu que fui um Mestre na Terra, um Professor, me encanto com as vitórias de tantos alunos. Por isso, incentivem a curiosidade, a prática e o estudo. Quem está sempre aprendendo pode ir para qualquer lugar que os livros ou suas glórias nos estudos os leve.

Sejam criativos. Escolham ousar e fazer diferente! Quando temos a técnica, ganhamos a confiança e a coragem necessárias para se lançar nos sonhos, sonhos de uma vida melhor para todos vocês, meus irmãos.

Muita luz de sabedoria, muita luz dourada nas suas vidas.

Eu Sou Mestre Confúcio da Chama de Luz Dourada.

Mantra: Eu tudo posso quando a Sabedoria Divina me envolve."

(Mensagem canalizada em 01/07/2019)

3º Raio da Luz Rosa

Mestra Ascensionada Chohan/Diretora: Rowena

Arcanjo Samuel

Dia da semana: Terça-feira

Virtudes: Amor Puro Incondicional, Perdão, Auto aceitação, Gratidão, Beleza, Bondade, Reverência, Tolerância, Adoração

Mestra Rowena: Renascimento

"Que vossos corações abrandem os sentimentos e se transformem em feixes de luz e de amor.

Mantenham a paz nos corações.

Ela depura toda a dor.

A vida requer discernimento e conhecimento das próprias causas.

Somos o que despertamos em nós.

Sim, queridos irmãos, atentem para o que os aflige e não permitam ofuscar a luz de vossos corações com sentimentos que maltratam e impedem o caminhar seguro na evolução divina.

Não lamentem o que não foi. Não destruam a paz.

Renovem-se em luz e graça e vivam a bênção do hoje, que lhes dá todas as oportunidades de fazerem o novo amanhã.

Renasçam.

Refaçam suas energias, escutando a voz da purificação, que lhes sopra aos ouvidos o renascer no amor.

Amem-se. Deem-se as mãos.

Unam-se pelo amor que estabelece a paz e o encorajamento no caminho do ser.

Eu vos dou o meu amor.

Eu vos ilumino com a Luz Rosa do meu coração e os torno Centelhas de Luz a espargir amor e paz.

Eu sou vossa Mestra Rowena e vos entrego a Luz do verdadeiro e único amor – o Amor Incondicional..

Mantra: Eu limpo em mim as minhas imperfeições com o fluxo do amor incondicional que habita o meu ser."

(Mensagem canalizada em 12/09/2019)

Mestra Rowena: Coragem todo dia

"Coragem irmãos!

É preciso ter coragem para seguir adiante. Ter só vontade, sem ação, viver no sonho sem realizar, não os fará sentir a alegria da concretização. Para colher frutos, é necessário ter coragem para realizar, construir tijolo a tijolo, sol após sol, caídas para se reerguer e conseguir fazer melhor do que antes.

Somos todos aprendizes!

Tendo coragem, meus irmãos, vocês irão longe com a consciência clara para onde querem ir, como querem ir, pois a coragem os impulsiona.

Sejam plenos de amor, de objetivos, abracem causas, foquem naquilo que é imprescindível. Tenham certeza que o que é valoroso sempre envolve o outro, todos os seres vivos.

Tenham coragem de construir e realizar.

Com todo o meu amor e intensidade da Luz Rosa.

Eu Sou Mestra Rowena..

Mantra: O amor cabe em mim e em cada coração que pulsa."

(Mensagem canalizada em 25/06/2019)

Mestra Rowena: Beleza da vida

"Irmãos Amados,

Venho falar da beleza da vida, contemplai-a todos os dias, desde o acordar até o dormir. Tudo passa rápido. Viva intensamente. Sinta esse amor contagiante nas pessoas, seja um instrutor de si mesmo e, quando perceber, estará no caminho evolutivo guiado pelo amor junto a todos os irmãos.

Eu Sou Mestra Rowena.

Mantra: Vejo a beleza da vida através do Puro Amor Divino."

(Mensagem canalizada em 07/08/2019)

4º Raio da Luz Branco-cristal

Mestre Ascensionado Chohan/Diretor: Seraphis Bey

Arcanjo Gabriel

Dia da semana: Quarta-feira

Virtudes: Pureza, Paz, Equilíbrio, Ascensão, Silêncio, Ressurreição, Purificação, Limpeza de Karmas

Mestre Seraphis Bey: Luz Divina

"Paz e luz em todos os corações.

Irmãos queridos,

Olhem para a luz.

Vislumbrem a luz.

Não se percam na caminhada com julgamentos pré-concebidos de que o sofrimento é necessário para se libertar de traumas vividos em situações anteriores da vida.

Não!

A vida não é sofrimento, mas, sim, aprendizado.

Como aprendizado, pode fluir de maneira leve, compassiva, serena, administrando-se daqui e dali situações difíceis e delicadas, sem antever o fim ou desespero, mas a oportunidade de sanar todos os males na luz do divino amor.

O iluminar-se os torna positivos na labuta da vida.

Só a luz os faz enxergar a verdadeira razão de tudo e o verdadeiro sentimento de cada gesto, de cada palavra de complacência e esperança.

Não se deixem levar, pois, pelas mazelas da vida, mas alcem voos no esplendor da luz e saboreiem a divina paz de quem se concebe o perdão e a renovação dos caminhos.

Eu sou vosso Mestre Seraphis Bey.

Mantra: Eu sou a luz que transcende a vida, a paz permeia meu coração."

(Mensagem canalizada em 02/08/2019)

Mestre Seraphis Bey: Humanidade sem fronteira

"Querida Humanidade!

Que todos possam sentir as energias elevadas do amor, da paz e da alegria.

Que as luzes dos Sete Raios os iluminem.

Aprendam e entendam sobre cada raio, tenham disciplina e se beneficiem com o flamejar das luzes dos raios que estão ao alcance de todos. Vibrem cada cor com intensidade, façam a Chama Trina brilhar e irradiar as cores que mais precisam naquele dia.

Somos todos luz!

Cada raio de luz tem uma beleza infinita que se complementa com os demais raios. Como os raios, a Humanidade se complementa, uns com os outros, várias cores, várias raças, várias crenças e várias culturas.

Vocês precisam se unir e, cada vez mais, muitos de vocês despertarão para o coletivo.

O mundo é de todos!

As fronteiras foram criadas pelo homem e não por Deus.

Vibro para que sejam mais unidos e se tornem uma humanidade sem fronteiras.

Que possam vibrar no amor e na paz, hoje e sempre.

Eu Sou Mestre Seraphis Bey.

Mantra: Como o arco-íris, eu irradio luzes para me manter em harmonia e em equilíbrio!"

(Mensagem canalizada em 10/07/2019)

5º Raio da Luz Verde
Mestre Ascencionado Chohan/Diretor: Hilarion
Arcanjo Rafael

Dia da semana: Quinta-feira
Virtudes: Curas, Verdades, Justiça Divina, Concentração e Dedicação

Mestre Hilarion: O Despertar para a cura

"Paz e luz em todos os corações.

Salve Deus Pai Criador.

Irmãos,

Não vos comprometeis com o solo abstrato da vida, mas atentai para a luz que ofusca, ilumina e mostra ao caminhante o caminho certo a percorrer.

Tempos virão em que não mais se intermediarão mensagens, mas todos serão capazes de entrar na sintonia do amor divino do Criador.

Ausentai-vos, pois, do medo, da mágoa, da revolta, da ira, do desamor.

Saboreiem as virtudes do amor, que trazem paz a vasculhar os corações, libertando-os dos desconfortos e apagando sentimentos que retratam apenas o ser humano equivocado e distante de sua essência divina.

Amados,

Esvaziem os corações de tudo o que lhes traga o desamor e despertem para o novo momento mágico da consciência cósmica.

Luz e vida.

Paz e amor.

Deus no comando.

Eu sou vosso Mestre Hilarion.

Mantra: Liberto-me das forças do mal. Cubro-me com as bênçãos curativas do amor."

(Mensagem canalizada em 10/07/2019)

Mestre Hilarion: Humanidade em unidade

"Meus irmãos!

O Grande Sol Central os chama para a ação.

Construam os alicerces de uma sociedade mais justa e respeitosa com o ser humano.

Criem pontes sólidas de conexão, será a grandeza do caminhar em unidade. Essa é a palavra de ordem que precisam seguir no seu dia a dia, Unidade.

As frequências continuam se ajustando e ajustando a Terra para a evolução dos seres que nela vivem.

Unam-se e verão a transformação.

Não percam a fé.

Acreditem um no outro. Caminhem em comunhão.

Eu vibrarei por bons pensamentos em suas mentes, de união e de paz.

Eu Sou Mestre Hilarion.

Mantra: Sou uno na frequência sagrada do Grande Sol Central."

(Mensagem canalizada em 27/06/2019)

Mestre Hilarion: Consciência curativa

"Meus queridos irmãos!

Caminhem com equilíbrio.

A Terra sangra por tanto dano causado pela humanidade. Os seres da natureza sofrem e cada vez mais espécies desaparecem. Outras se tornam escassas e instala-se o desequilíbrio que todos agora conseguem ver com mais clareza. Os impactos são elevados e destrutivos.

Caminhem com consciência. Sejam prudentes no uso das fontes naturais. Estudem para alcançar tecnologias que apoiem a preservação dos seres e da natureza.

Caminhem com amor. Sejam disseminadores da paz no mundo para a preservação da raça humana. Todos os irmãos, independentemente das nações.

Desejo a todos um caminhar equilibrado, consciente e repleto de amor incondicional.

Eu Sou Mestre Hilarion.

Mantra: Blindo-me com a energia curativa da natureza. Envolvo a mãe natureza numa bolha curativa de amor."

(Mensagem canalizada em 08/08/2019)

Colônia Médica do Grande Coração de Astheriãn e a Equipe Médica Espiritual

"A Colônia Médica do Grande Coração de Astheriãn é uma Morada Espiritual, colônia-residência onde moram aproximadamente 1.500.000 (um milhão e quinhentos mil) médicos espirituais de várias especialidades médicas, cientistas e pesquisadores abnegados. São Trabalhadores da Luz Divina, que executam um trabalho de amor, de dedicação e de auxílio a todos aqueles que necessitam de tratamento espiritual presencial (cirurgia espiritual presencial), tratamento espiritual a distância (cirurgia espiritual a distância), oração pessoal e oração para casa e outras formas de socorro e auxílio aos habitantes da Terra e de outros planetas.

A Colônia foi plasmada (construída) no espaço com dimensão geográfica que se assemelha aos tamanhos dos continentes da América, que é subdividida em

34

América do Norte, América Central e América do Sul, da Europa e da Ásia. Sua localização é aproximadamente acima dos oceanos Atlântico, Pacífico, Glacial Ártico, Índico, mares Mediterrâneo e Negro. Fazendo uma comparação com uma grande metrópole terrena, Astheriãn possui vários bairros com inúmeros prédios exclusivos para Tecnologia da Informação, dotados com equipamentos, aparelhagem de pesquisa e computadores avançadíssimos de alta tecnologia e performance que servem para medições, coleta de dados, armazenamento de todo e qualquer tipo de informação que venha a contribuir para o progresso e avanço das descobertas médicas, científicas e tecnológicas. Tem bairros com inúmeros prédios exclusivos para catalogação e estudo de plantas, pesquisa avançada e manipulação de medicamentos. Existem bairros destinados à moradia individual ou coletiva exclusiva para a Equipe Médica Espiritual contendo moradia, espaço para limpeza astral e etérica, câmara de luzes, descanso, lazer, meditação, retiro espiritual, Conselho Médico Espiritual, salões para Conferências Sem Fronteiras dos comandos médicos intergalácticos, dentre outros. Também possui Bairros destinados ao estudo, às capacitações, às especializações, aos mestrados, aos pós-mestrados, aos doutorados, aos pós-doutorados, aos campos de pesquisa e aprimoramento intensivo e contínuo para toda a Equipe Médica Espiritual. Além disso, encontram-se bairros destinados exclusivamente ao Registro Akásico (grande banco de dados com informações de todas as encarnações e feitos de cada habitante terrestre e de outros planetas).

Astheriãn, onde fica a Colônia Médica do Grande Coração, é circundada por uma estrutura de vidro fumê para transmutação de qualquer energia contrária ao bem, à luz e à paz. Logo na entrada, tem um grande portão dourado com uma máquina identificadora de digital. Em seguida, existem três câmaras de limpeza etérica, cromoterápica e harmonizadora dos campos mental, emocional e sutis.

A comunicação utilizada em Astheriãn é uma mescla das línguas Esperanto e Aramaico que a tornam singular. A forma usual de comunicação é a telepatia. Toda intenção, toda ação e todo sentimento são registrados de forma simultânea. Em Astheriãn, não existem segredos, não existe disputa de poder, não existem ego, vaidade, orgulho, presunção e premeditação. Seus moradores são espíritos da Alta Hierarquia Divina.

As construções de Astheriãn, em geral, lembram a arquitetura dos campus universitários (inúmeros prédios) dispostos em alas de acordo com as suas especialidades de estudos e de pesquisas e circundam os prédios destinados à moradia da Equipe Médica Espiritual, do Conselho Médico Espiritual e das Hierarquias Superiores do Comando Médico Espiritual Sem Fronteiras.

As construções destinadas à moradia individual são de paredes de vidro translúcido, equipadas com estrutura e tecnologia específicas conforme função e especialização de cada médico e/ou pesquisador. Os apartamentos são amplos, iluminados com espaçosa sala para reuniões, laboratório, biblioteca, sala de luzes para limpeza energética pessoal, pequena cozinha com uma mesa redonda e algumas cadeiras e equipamento de vidro translúcido que serve para armazenar água e alimento. O quarto possui mesa, computador, cama redonda computadorizada, o que permite a programação de som, de movimento e de massagem que promovem o relaxamento, descanso reparador. No fundo do quarto, existe um lindo jardim de inverno com plantas escolhidas pelo morador.

A alimentação de Astheriã consiste em água com estrutura molecular semelhante à água gelatinosa. O alimento sólido assemelha-se a uma papa feita de canjica branca e arroz, sem temperos. Os moradores tomam água uma vez ao dia e uma porção de papa a cada três dias.

A limpeza energética (banho) é feita a cada três dias ou de acordo com a necessidade do trabalho realizado fora de Astheriã.

O dia de Astheriã possui 72 (setenta e duas) horas equivalendo a três dias da Terra. A cada 15 (quinze) dias trabalhados, o médico tem direito a 24 (vinte quatro) horas de lazer. A área destinada ao lazer é ao ar livre, composta de pista de voo, para a prática de planadores (assemelha-se ao skate), parques, cada qual com uma cor predominante de flores em seus jardins, distribuídos de acordo com as cores do arco-íris, nuances de prateado e dourado, com várias intensidades de cor. Possui ainda uma ampla biblioteca com livros digitais, salas de videoconferência, salão para descanso, relaxamento e meditação.

O transporte utilizado pelos médicos para virem à Terra viaja na velocidade do som e da luz. Assemelha-se ao foguete espacial com espaço suficiente para o transporte de medicamentos, equipamentos e Equipe Médica Espiritual.

A preparação da Equipe Médica Espiritual para os trabalhos inicia-se dois dias antes da data programada para o atendimento (cirurgia espiritual presencial, cirurgia espiritual a distância, orações pessoal e para casa). Os Médicos Espirituais passam por uma rigorosa limpeza energética vibracional nas câmaras de cromoterapia de vários feixes de luzes e intensidades variadas.

A Equipe Médica de Astheriã conta com a proteção, o apoio, o monitoramento e o suporte dos Guardiões. Esses Guardiões são Mestres do Vale Dourado, da Colônia Maria de Nazaré, do Lar Esperança, da Colônia Conceição, da Colônia Dulce Maria. Somente com a proteção destes exércitos de Guardiões é possível a vinda da Equipe Médica Espiritual para a realização dos trabalhos de socorro à humanidade.

Os moradores da Colônia Médica do Grande Coração de Astheriã são todos os Trabalhadores da Luz Divina que se debruçam de forma ininterrupta às pesquisas médicas-científicas e estudos para descobertas de novos medicamentos e tratamentos que são soprados nos ouvidos atentos dos cientistas e pesquisadores encarnados (vivos) na Terra , para que persistam em suas pesquisas e possam trazer uma nova inspiração, uma nova esperança para os seres humanos acometidos por diversos tipos de enfermidades.

Os Médicos Espirituais possuem um olhar atento e generoso. São revestidos pelo Amor Incondicional de Deus para que possam prosseguir com determinação e abnegação em suas jornadas de Luz, do bem, para auxiliar o ser humano em sua vivência no planeta Terra, consolidando os alicerces do Amor Incondicional por meio dos ensinamentos de Cristo, Patrono do planeta Terra e por Jesus Cristo, Instrutor do Mundo.

Eu Sou Dr. Helmuth - Médico, Pesquisador, Botânico, Dirigente de Astheriã, da Equipe Médica do Grande Coração e do Grupo Anjos de Luz."

(Mensagem canalizada em 05/06/2019 e 12/08/2019)

6º Raio da Luz Rubi-dourada

Mestra Ascencionada Chohan/Diretora: Nada
Arcanjo Uriel
Dia da semana: Sexta-feira
Virtudes: Misericórdia, Devoção, Amor, Curas

Mestre Nada: Generosidade

"Amados irmãos em Cristo,
Que prevaleça sempre o equilíbrio em qualquer situação vivida.
Não demonstrem o que não são no íntimo.
Orem, orem muito.
A devoção é o sagrado remédio para todas as curas humanas, pois desperta no coração de quem padece a grandeza da fé e do conforto em todos os momentos difíceis e nas dificuldades padecidas.
O caminho da existência é diverso.
Ora se está feliz, ora a tristeza toma conta do coração.
Para que, meus irmãos, ou por quê?
A necessidade suprema de se acertar contingências vividas e causadoras de males passados.
Somente com a força da oração e a reforma íntima consegue-se superar, suplantar e renovar a qualificação de um novo porvir.
Não lamentem.
Modifiquem-se.
Sejam amor, sejam generosos com aqueles que permeiam seus caminhos.

São companheiros que os ajudarão a crescer, apesar das dificuldades.

Nada é por acaso.

Existem razões profundas necessárias ao aprendizado atual.

Bênçãos e luzes.

Eu sou vossa Mestra Nada.

Mantra: O meu coração se expande ao encontrar com a força divina presente em mim."

(Mensagem canalizada em 19/07/2019)

Mestre Nada: Marcas de amor

"Querido irmão,

Cada amanhecer é um motivo de alegria.

Vibre com a beleza da vida.

Respire profundamente, sinta a vida em cada célula do seu corpo, em cada órgão.

Seja muito grato pela dádiva da vida. Viver é uma benção de recomeço e de crescimento espiritual. Tudo está escrito e acontece da maneira que cada um necessita, com experiências para se aperfeiçoar e lições para aprender.

Portanto, agradeça à vida, pelos encontros que ela lhe proporciona para resgatar e vivê-la melhor desta vez. Talvez não se recorde das vivências anteriores, melhor assim.

Siga o seu coração e a sua intuição para fazer valer a pena e não ser necessário voltar novamente na mesma experiência de vida.

Procure evoluir e deixar marcas de amor por onde for.

Eu o amo!

Eu Sou Mestra Nada.

Mantra: Como um raio de luz eu ilumino a minh'alma no amor de Cristo."

(Mensagem canalizada em 11/04/2019)

Mestre Nada: Sabedoria Crística

"Amados irmãos,

Que a luz da sabedoria divina os ilumine sempre.

Que a luz divina os guie, os ampare quando as mazelas da vida os atingirem.

Deixem, meus irmãos, que a luz divina de Cristo acenda a chama da fé, da esperança e do amor em cada um.

Deixem entrar e curar os dissabores da vida. Tudo tem um propósito, entendam, faz parte do aprendizado e precisam lutar para superarem, lograrem, terem mérito.

Cristo os abençoem e os iluminem.

Com todo o meu amor.

Eu Sou Mestra Nada.

Mantra: A chama da luz Crística desperta em mim a sabedoria."

(Mensagem canalizada em 31/05/2019)

Mestre Nada: Florescer no amor

"Filho amado,

Eleve seus pensamentos em direção aos céus, buscando a paz interior, surgindo neste ímpeto o crescimento de dentro para fora como uma flor que, ao florescer, torna-se indescritível. Neste processo, Como Quero Ir?, estará em busca da elevação plena do seu ser em direção ao Pai. É um exercício de amor, de entrega, de consolidação dos laços de Pai e filhos. Conecte-se neste canal aberto e evolutivo.

Com o coração cheio de amor.

Eu Sou Mestra Nada.

Mantra: Floresce em mim a chama do amor!"

(Mensagem canalizada em 07/08/2019)

7º Raio da Luz Violeta

Mestre Ascencionado Chohan/Diretor: Saint Germain

Arcanjo Ezequiel

Dia da semana: sábado

Virtudes: Transmutação e Transformação, Liberdade, Apelos, Compaixão

Mestre Saint Germain: A transformação

"Não olheis para as situações conflitantes, mas voltai vosso olhar para as magnitudes da vida, para a luz que irradia a cada instante.

O potencial que trazem dentro de si é maravilhoso.

Poucos ainda conseguem acessar o divino interior, que os leva aos píncaros do poder e do extasiar-se na essência da Luz.

Obreiros do Novo Tempo, não fujam ao compromisso assumido de desvendar o infinito, buscando força e poder para restaurar a vida e multiplicar seguidores da luz.

Cada um que caminha iluminado, ofusca o olhar do outro que está nas trevas e o faz sentir a necessidade de se guiar pela Luz.

A força os guiará, estejam abertos a recebê-la.

No coração de cada um vibra e pulsa o poder do Criador.

Vasculhem o coração, fortaleçam a fé, esforcem-se para continuarem na missão de paz e de amor.

Eu sou Mestre Saint Germain e os envolvo na luz da transmutação, para que libertem o Ser Divino que há em cada um.

Mantra: Eu me liberto da luxúria e me transformo no amor."

(Mensagem canalizada em 28/06/2019)

Mestre Saint Germain: Eclipse de vida e luz

"Irmãos!

Hoje é um dia de altas frequências. Um dia para estar em oração e em reflexão com o seu Eu Interior.

Meditem, agradeçam, contemplem o momento. Liberem pensamentos negativos, impuros, tóxicos. Procurem atrair bons pensamentos que proporcionem condutas do bem e paz. Chamem pela união dos povos, pela misericórdia dos homens e pela Misericórdia Divina.

Guiem seus passos com a Luz, a Luz do Grande Sol Central que acalenta as almas.

Vivam este momento de grandes transformações e se permitam conectar com as altas frequências de luzes. Luzes de todos os raios estarão mais intensas em todo o processo de transição planetária.

Eu Sou Mestre Saint Germain do Raio de Luz Violeta.

Mantra: Transmuto-me na frequência da Pura Luz Divina."

(Mensagem canalizada em 02/07/2019)

Mensagens finais
de Sabedoria Divina

Mãe Maria: Esperança

"Filhos queridos do meu coração,
Eu vos asseguro a paz do Criador.
Amem-se.

Estendam a mão e se enlacem numa só corrente de fé e de amor, para ajudarem a transformar a vibração energética deste planeta tão querido por nós, escola onde todos têm oportunidades de cumprir os desígnios necessários para a transformação e edificação do próprio despertar.

Filhos queridos,

Não temam o amanhã.

Celebrem o hoje, sejam melhores hoje e serão recompensados por suas lutas e pela determinação da reforma de seus corações.

Nasce uma estrela todos os dias.

É a estrela da esperança.

Acolham-na na vibração de seus sentimentos mais profundos, para que jamais lhes falte a coragem para prosseguir no caminho edificante de um novo amanhã.

Jamais se detenham nas dificuldades – são passageiras e a vitória lhes trará uma alegria imensa pela conquista.

Recebam todo o meu amor que os envolve no manto azul de bênçãos e paz.

Eu sou vossa Mãe Maria.

Mantra: Envolvo-me no manto azul de Maria e conecto-me ao Pai.”

(Mensagem canalizada em 17/07/2019)

Mestre Jesus: Rumo à consciência plena

“Amados!

Amo tanto vocês.

Vocês são únicos, são meus filhos muito amados. Escuto a cada um que me chama e clama por auxílio.

Não chorem, não desanimem. Às vezes, precisamos da dor para crescer e evoluir. Não é fácil, mas também não é impossível.

Meu coração se enche de alegria quando vejo que venceram e que tiveram a consciência plena do aprendizado vivido.

Oro por todos. Por todos que ainda caminham para o despertar da consciência.

Oro para que tenham sabedoria, para que o livre-arbítrio os direcione para as decisões corretas, se não forem as mais indicadas, que despertem para uma próxima tentativa, desta vez, assertiva.

Sejam abençoados. Sejam muito iluminados.

Eu Sou Mestre Jesus.

Mantra: Oro e sinto Jesus em mim.”

(Mensagem canalizada em 27/06/2019)

Dr. Albert Becker: O despertar

"Em busca da verdade de quem nós somos, nos perdemos na nossa imensidão, olhamos para nós mesmos e nos perguntamos Quem eu sou?. Junto a isso, queremos o nosso despertar, uma plena consciência das nossas ações e os motivos para a nossa existência.

Nossos passos refletem a vida que levamos e a cada momento estamos nos transformando em algo novo e diferente do que éramos. O perdão, a humildade, o amor e a gratidão fazem parte dessa longa caminhada que não precisa ser dolorosa.

É importante que nos perdoemos, a vida sem o perdão torna-se árdua com o passar dos anos. A humildade é a virtude que demonstra a capacidade dos seres humanos de perdoar sem barreiras e reconhecer todos erros cometidos. O amor eleva nossa alma e cura nossas feridas, tudo se cura com ele. A gratidão é o que permite a realização da caminhada em busca da consciência plena, agradecer pelo que conquistamos nos liberta.

Essa viagem nos modifica em seres livres e donos de nossas escolhas, contribuindo para a nossa evolução espiritual e conexão com Deus, nos harmonizando com o mundo, ou seja, passamos a ser um ponto de equilíbrio entre homem, natureza e animal.

Durante o percurso, é necessária paciência para com você e com os outros e, a cada momento de desânimo, é preciso lembrar-se do propósito e das razões da caminhada.

Eu Sou Dr. Albert Becker - Médico Fisiatra da Equipe da Colônia Médica do Grande Coração de Astheriã.

Mantra: Inspiro-me na pura essência de Deus para o meu despertar."

(Mensagem canalizada em 17/08/2019)

Dra. Aylla: A busca

"Amados irmãos,

Observem com clareza seus pensamentos e suas atitudes durante a sua caminhada.

Com todo o carinho e o amor incondicional, libertem-se das feridas que estão abertas na alma, peçam a Deus e à Virgem Maria auxílio e força para curá-los.

Como todo inverno frio e acinzentado, logo após vem a primavera com a cor das flores e o calor do sol.

As chuvas fortes são para molhar a terra, as plantas, nutrir as raízes. O sol vem depois para abrir as pétalas das flores, e tudo recomeça na natureza. Assim é a vida.

Irmãos, renasçam como as flores, floresçam após as tempestades, criem forças e espalhem pelo mundo o perfume do amor.

Assim, despidos das dores, um caminho se constrói, com graça e leveza.

Exercitem todos os dias o amor, abrace uns aos outros, estendam a mão a quem precisa.

Esses exercícios diários farão com que enxerguem com clareza e com consciência o caminho de vocês, dentro do coração terão a certeza de que estão fazendo o certo.

Eu Sou Dra. Aylla - Médica Pediatra da Equipe da Colônia Médica do Grande Coração de Astheriãn.

Mantra: Como uma flor eu me abro para o mundo. Como o pólen eu espalho meu perfume de amor."

(Mensagem canalizada em 16/08/2019)

Dr. Raul: Caminho de Luz

"Meus filhos,

Louvado seja Cristo, patrono da Terra.

Escolher o caminho não é fácil, mas todos conseguem, basta ter fé em si mesmo, todos são capazes, muito mais do que imaginam.

A vida é bela e deve ser vivida. Caminhem, amem, perdoem, superem obstáculos e medos. Confiem em si mesmos.

Vivam em paz com o Eu interior. Amem a si mesmos. Creiam.

Não existe caminho sem fé. Acreditem que são capazes de mudar e evoluir. Conheçam a si próprios.

Experimentem. Saibam quem são, descubram novos gostos, vivam novas experiências e renovem a fé a cada dia.

Percebam a luz que brilha dentro de si. Amem-se. Pratiquem o amor.

Felizes são os que se conhecem e se amam.

Seu Eu interior vai indicar o caminho da fé, o caminho do amor, do autoconhecimento e da cura.

Nunca deixem de amar, perdoar e crer. Acreditem e serão capazes!

O divino está dentro de cada um, basta encontrá-lo.

Iluminem-se.

Despertem seu Eu interior para esta jornada de fé e de descobrimento.

Sejam plenos e conscientes.

Inspirem-se na Luz Divina para caminhar com fé.

Fiquem na luz, no bem!

Eu Sou Dr. Raul - Médico Alergista da Equipe da Colônia Médica do Grande Coração de Astheriãn.

Mantra: Eu me curo, me amo, me perdoo, me guio e evoluo."

(Mensagem canalizada em 15/08/2019)

Dra. Leona: A descoberta do Amor Incondicional

"Enquanto seres encarnados e em constante aprendizado, nosso maior obstáculo é livrar-nos dos nossos erros e vícios. Por mais difícil que uma situação possa parecer, quando pedimos com fé recebemos as respostas para nossas orações. Podemos não entender que o momento que estamos vivenciando é o melhor que nos pode acontecer e esse entendimento vem com o tempo e também com o despertar da consciência.

Muitas vezes, por mais difícil que algo possa parecer, esta é exatamente a resposta para nossas orações. Deus olha por todos e não esquece de ninguém.

Em nossa caminhada, sempre há espaço para os crescimentos pessoal e espiritual. Devemos ter paciência com o outro, ter mais compaixão, pois cada pessoa tem seu tempo de entendimento e de despertar. Não há como forçar alguém a evoluir espiritualmente, essa caminhada é individual. Não devemos cobrar do outro, mas, enquanto isso, podemos trabalhar nós mesmos e permitir o amor incondicional com nossos irmãos.

A mudança de hábito não é fácil, ela vem de dentro. Requer renúncia de vícios, aceitação que somos imperfeitos e a prática do amor de Deus. Ela pode ser feita aos poucos, reconhecendo nossas falhas e mudando nossas atitudes. Reconhecer nossos erros, também faz parte do aprendizado.

O abrir da consciência requer trabalho e quando estiver na dúvida de algo lembre-se que nosso coração e nossa intuição sempre saberão as respostas para nossos questionamentos. Nosso coração sente quando estamos no caminho correto. Não há ninguém que não possa melhorar, não existe nenhuma causa que seja perdida e não há nenhuma situação que não possa ser inundada com o amor divino. Todos têm oportunidade para o crescimento individual como pessoa e trabalhadores da luz. Quando estiver na dúvida, lembre-se: o amor incondicional é a resposta.

Eu Sou Dra. Leona - Médica Infectologista da Equipe da Colônia Médica do Grande Coração de Astheriã.

Mantra: Creio e me fortaleço no Amor Incondicional."

(Mensagem canalizada em 20/08/2019)

Mensagens finais da Espiritualidade de Luz

Dra. Adhele: Fé e realização

"Amigos,

Vivam na fé!

Abram seu coração para o movimento dinâmico do amor, para a luz que purifica, para a fé que completa e sustenta.

A fé coloca em movimento as forças divinas, permite que a caminhada seja mais leve e que as bênçãos do céu atinjam nosso coração.

Amados, sintam a brisa que acalma e tranquiliza e traz a certeza do caminho.

Orem com o coração, agradeçam e peçam com a certeza de que obterão o que é justo e certo.

A misericórdia divina nunca nos abandona. Vibrem na completude, sintam todas as células se enchendo com a graça de Deus!

A fé direciona os passos, amplia os braços, descortina os mundos e permite que a caminhada se faça leve e alegre.

Eu Sou Dra. Adhele - Médica Hebiatra da Equipe da Colônia Médica do Grande Coração de Astheriã.

Mantra: A fé me realiza no mundo!"

(Mensagem canalizada em 06/08/2019)

Dra. Alice: Perdoar e amar

"Hoje, meus irmãos, pedimos perdão a todos que nos fizeram mal e nos perdoamos também. Neste momento, estamos unidos em um só coração, unidos no amor incondicional constante nos ensinamentos do Mestre Jesus Cristo.

Chegamos na etapa final desta obra de amor ao próximo. Neste momento, já refletimos sobre quem somos, o que estamos fazendo neste planeta, para onde queremos ir e como queremos ir. O segredo é simples: ame! Transmute amor sempre.

Esperamos que o seu caminhar seja amoroso, pautado sempre no amor incondicional, perdoando a si e aos outros. Perdoe, perdoe e perdoe novamente, não tenha vergonha e não se deixe enganar pelo orgulho e pela vaidade. Somente assim você irá voltar para casa, onde é o seu verdadeiro lar e sua morada espiritual, com a certeza da missão cumprida.

Neste momento de transição que a Terra passa, todos os esforços da

Espiritualidade de Luz estão direcionados a auxiliar o fortalecimento da fé, do amor e trabalhar o perdão. Coloque-se no lugar do seu irmão, tenha a consciência que nem todos possuem o conhecimento e o entendimento que você possui, você também errou em muitas existências, todos nós passamos por estas etapas tão necessárias à caminhada de aprendizado e de evolução.

Agradeça a Deus a oportunidade de trabalho e de aprendizado a cada novo dia. Todo amanhecer é uma nova oportunidade de acertar. Enquanto estiver aqui na Terra é tempo de recomeçar.

Desejamos que o seu despertar seja pleno, envolvido no amor incondicional, na fé carregada de graça e de leveza. Seja luz!

Eu sou Dra. Alice - Médica Endocrinologista Geriátrica da Equipe da Colônia Médica do Grande Coração de Astheriãn.

Mantra: O perdão embeleza a minha alma!"

(Mensagem canalizada em 15/08/2019)

Dr. Felício: Somos todos irmãos

"Irmão amado!

É uma grande alegria poder fazer parte da sua história de conhecimento e de descobertas a respeito de quem você é neste imenso Universo de amor.

Compreender a si mesmo é buscar sentido para sua existência no planeta Terra, é preciso compreender a vida de tudo que existe ao seu redor. Antes de olhar para este lindo ser de luz que você é hoje, olhe para toda espécie de vida existente no Planeta.

Os vírus, as bactérias e toda espécie de microrganismos também exercem seu papel de amor no processo de evolução da vida. O mal que eles causam à saúde de todos os seres é resultado das ações impiedosas e irresponsáveis dos humanos. A falta de amorosidade, de respeito e de integração geram desequilíbrio e danos nocivos à vida. Você é parte do processo evolutivo desde minerais, vegetais, animais até a espécie humana.

Todos os seres, tanto os animais que se tornaram domésticos, os exóticos os selvagens e os invisíveis, quanto os minerais, a água dos rios, dos mares, dos oceanos, das cachoeiras, as plantas, enfim, tudo que existe no Universo é parte do Todo, como você também o é. Todos são filhos amados de Deus. São luz do amor Divino e cada um cumpre sua missão na evolução da vida. Os animais peçonhentos, as bactérias, os vírus, as plantas tóxicas e tantos outros seres oferecem substâncias que são transformadas em antídotos para aliviar e curar suas dores e males. Já pensou em agradecer-lhes por conceder a você o milagre de viver com saúde? Todos os animais experimentam e vivenciam os mesmos sentimentos que você. Tenha compaixão e respeite a sua dor, seus medos e suas tristezas. Todos os seres têm direito à vida. Reverencie e ame incondicionalmente todos os seres que habitam o Planeta e seja-lhes grato por sua existência.

Somos filhos do mesmo Criador, Deus.

Somos todos irmãos!

Seja um anjo guardião do Planeta.

Confio e agradeço por compreender que somos todos irmãos!

Eu Sou Dr. Felício - Líder Cristal e Médico Veterinário Acupuntor da Colônia Médica do Grande Coração de Astheriã.

Mantra: Eu comungo do mesmo amor de todos os seres filhos de Deus."

(Mensagem canalizada em 07/07/2019)

Dr. Helmuth: O Despertar da Consciência Plena

"Despertamos a consciência dos voluntários do Grupo Anjos de Luz para que descobrissem Quem Eu Sou.

A partir deste momento, começou a jornada de cada caminhante, Em busca de si mesmo, para fazerem o Caminho da Luz e compreenderem, O que estou fazendo aqui? e descobrirem Para onde quero ir?.

Nesta caminhada de descobertas e de aprendizados, amparamos e protegemos cada caminhante. Acolhemos com amor suas dores, seus medos, suas frustrações e seus sonhos. Encorajamos, fortalecemos a esperança e a confiança em si mesmos. Para incentivar e alegrar o caminhar desses anjos de luz, enfeitamos e encantamos o caminho pessoal, plantando flores coloridas e perfumadas, com a mais pura energia do amor, para que descobrissem o sentido e a essência da fantástica jornada espiritual: Como quero ir?.

Cada um, no seu tempo, fez seu caminho único e solitário, dando um passo de cada vez. Alguns tropeços, recuos e, em certos momentos, desânimo, mas avançando sempre inspirados na fé, na força e no poder pessoal que existe dentro de cada um. Foi um longo caminho de muito estudo, trabalho, renúncia e aprendizado que não está pronto, mas que está sendo construído todos os dias no encontro de si mesmo, nos trabalhos voluntários das campanhas que acontecem durante o ano, na escuta fraterna e solidária durante os atendimentos de cirurgias e tratamentos espiritual presencial e a distância.

Aprenderam que o Caminho do Amor Incondicional é construído com dedicação, paciência, fé, coragem, compaixão e misericórdia e que por meio da prática diária de ajuda ao próximo com desprendimento e suavidade serão capazes de seguir com graça e leveza os caminhos pessoal e espiritual com a consciência plena de que a vida faz sentindo e se torna bela quando colocamos em prática e seguimos os ensinamentos do nosso Mestre Jesus: Amai-vos uns aos outros como eu vos amei.

Eu Sou Dr. Helmuth - Médico, Pesquisador, Botânico, Dirigente de Astheriã, da Equipe Médica do Grande Coração e do Grupo Anjos de Luz.

Mantra: Eu sou um ser amoroso em sintonia com o Universo."

(Mensagem canalizada em 09/04/2019)

Oração e mantra

Mantra do Perdão, Amor e Gratidão do Grupo Anjos de Luz
Hoje me perdoo.
E neste momento perdoo a todos.
Peço perdão.
Sinto muito.
Eu me amo.
Amo a todos.
Sou grato.
Estou livre!
Todos estão livres!
Assim é.
Assim será.
Está feito!
Amém, amém, amém e amém.

(Síntese do Ho'oponopono elaborada pelo Grupo Anjos de Luz)

Ho'oponopono é um processo de nos desfazermos das energias tóxicas que existem dentro de nós, para possibilitar o impacto de pensamentos, palavras, realizações e ações Divinos. (VITALE, Loe; LEN, Ihaleaka Hew. Limite Zero: o sistema havaiano secreto para prosperidade, saúde, paz e mais ainda. Rio de Janeiro: Rocco, 2009.)

Invocação do Arcanjo Miguel
Arcanjo Miguel em minha frente,
Arcanjo Miguel em minhas costas,

Arcanjo Miguel do meu lado direito,
Arcanjo Miguel do meu lado esquerdo,
Arcanjo Miguel acima da minha cabeça,
Arcanjo Miguel dentro do meu coração,
Arcanjo Miguel abaixo dos meus pés.
Que possa me guiar em todos os bons caminhos
E onde quer que eu vá,
Que a luz azul de sua espada,
Me abençoe, me proteja, me guarde, me ampare,
Me livre de todos os males,
Hoje, amanhã e todos os dias da minha vida.
Amém, amém, amém, amém!

(Fonte: www.grupoanjosdeluz.org.br)

Oração de São Francisco

Senhor, fazei de mim um instrumento da Vossa paz.
Onde houver ódio, que eu leve o amor.
Onde houver ofensa, que eu leve o perdão.
Onde houver discórdia, que eu leve a união.
Onde houver dúvidas, que eu leve a fé.
Onde houver erro, que eu leve a verdade.
Onde houver desespero, que eu leve a esperança.
Onde houver tristeza, que eu leve a alegria.
Onde houver trevas, que eu leve a luz.
Ó Mestre, fazei que eu procure mais:
Consolar, que ser consolado;
Compreender, que ser compreendido;
Amar, que ser amado.
Pois é dando que se recebe.
É perdoando que se é perdoado.
E é morrendo que se vive para a vida eterna.

(Fonte: www.grupoanjosdeluz.org.br)

Pai Nosso em Aramaico

Pai-Mãe, respiração da vida,
Fonte do som, Ação sem palavras, Criador do Cosmos!
Faça sua luz brilhar dentro de nós, entre nós, e fora de nós para que possamos torná-la útil.

Ajude-nos a seguir nosso caminho, respirando apenas o sentimento que emana do Senhor...

Nosso EU, no mesmo passo, possa estar com o seu, para que caminhemos como Rei e Rainhas com todas as criaturas.

Que o Seu e o nosso desejo, sejam um só, em toda a Luz, assim como em todas as formas, em toda existência individual, assim como em todas as comunidades...

Faça-nos sentir a alma da terra dentro de nós, pois, assim, sentiremos a Sabedoria que existe em tudo. Não permita que a superficialidade e a aparência das coisas do mundo nos iludam, e nos liberte de tudo aquilo que impede nosso crescimento...

Não nos deixe ser tomados pelo esquecimento de que o Senhor é o Poder e a Glória do mundo, a Canção que se renova de tempos em tempos e que a tudo embeleza.

Possa o Seu amor ser o solo onde crescem nossas ações.

Que assim seja!

(Fonte: www.grupoanjosdeluz.org.br)

Oração Metta

Que todos os seres possam ser felizes, contentes e realizados.

Que todos os seres possam se sentir saudáveis e perfeitos.

Que todos possam ter aquilo que querem e de que precisam.

Que todos estejam protegidos contra o mal e livres do medo.

Que todos os seres tenham paz interior e bem-estar.

Que todos estejam despertos. Liberados, e não tenham limitações.

Que ninguém engane o outro, nem despreze qualquer ser, em qualquer situação.

Que ninguém por raiva ou má vontade deseje o mal de outro.

Que haja paz neste mundo e no universo inteiro.

Que todos estejam livres do sofrimento e das causas do sofrimento.

Que todos encontrem a felicidade e as causas da felicidade.

(Fonte: do livro "Despertar do Buda Interior" de Lama Surya)

A Grande Invocação

Do ponto de Luz na mente de Deus,
que flua Luz à mente dos homens,
e que a Luz desça à Terra.

Do ponto de Amor no coração de Deus
que flua amor ao coração dos homens,
que Cristo retorne à Terra.

Do centro onde a vontade de Deus é conhecida,
que o propósito guie as pequenas vontades dos homens,
propósito que os mestres conhecem e servem.

Do centro a que chamamos a raça dos homens
que se realize o plano de Amor e de Luz
e feche a porta onde se encontra o mal.

Que a Luz, o Amor e o Poder
restabeleçam o Plano Divino sobre a Terra hoje
e por toda a eternidade. Amém.

(Fonte: www.pax.org.br)

Mensagem final

Luz Dourada
Mestre da Colônia Vale Dourado

Mestre Jheriel: Caminhando com plenitude.

"Amado filho do Universo!

O caminho foi trilhado. Um passo na frente do outro, você construiu sua história de amor com a vida.

Viver é simples, mas enfrentar e superar os obstáculos durante a existência exige coragem, fé e determinação. Vencer o medo de desapegar-se do que não lhe serve mais é sofrido e doloroso.

Não precisa mais sentir medo e sofrer. Você está pronto. Leve na sua bagagem existencial somente o que ilumina seu espírito, alimenta sua alma e afaga seu coração.

A sua existência é feita de amor, de luz, de sabedoria, de coragem e de gratidão. Sinta-se puro e livre do passado. Caminhe com leveza.

Você é luz. Você é essência do Criador. Você é o Puro Amor Incondicional. Confie, acredite e aceite.

Eu Sou Mestre Jheriel, da Colônia do Vale Dourado.

Mantra: Eu sou um ser pleno e consciente do meu propósito de alma."

(Mensagem canalizada em 17/07/2019)

"Caro(a) amigo(a),

Desejamos que ao despertar-se, descobrir-se e compreender <u>Como quero ir?</u> você esteja com a consciência plena de que o caminho do coração lhe permitirá viver com alegria, com graça e com leveza o Amor Incondicional."

Equipe da Colônia Médica do Grande Coração de Astheriãn.
Orai e vigiai sempre.
Luz, paz e bem.

(Mensagem canalizada em 08/04/2019)

Gratidão!

Mais informações no site www.grupoanjosdeluz.org.br